AF395402

Aulis Antamaa

Lämmin suihku

Kustantaja: BoD – Books on Demand, Helsinki, Suomi

Valmistaja: BoD – Books on Demand – Norder-stedt, Saksa

ISBN: 9789528043195

kesäpäivä kangasalla

kuin lämmin suihku genitaaleille

sukelsin matalaan päähän

sattuu päähän

teekutsuilla

tähtilippu liehuu

pimeys hehkuu

demokratia

LMAO

ei idiootit pärjää

ilman diktaattoria

se tunne kun

joku aloittaa lauseen sanoilla

se tunne kun

mahtimaan klovni

verraton taikuri

vedestä viiniä

tuubasta totuutta

kuuntele sivistynyttä herraa krunikasta

saat kirkkaimman kruunun

kyllä elämä on haurasta ja ohikiitävää

hiljaa mä katon salkkareita

mulle kunnon mässytettävää

al dentet hienostelijoille

ranska

kieli kielten joukossa

hienostelijoiden lempilapsi

musiikkia ilman autotunea

kuin lämmin suihku genitaaleille

sinne se taas katoaa

yritän roikkua liepeissä

pitää kiinni päivästä

mutta käteni on tyhjä

ihmisoikeudet

LMAO

moon lätkäjätkä

selkä voi paremmin

helikopteri onnistuu

valitun kansan hallitus häärää

ihmisyys itkee

hoikat miellyttää

läskit ei sytytä

nuoret on seksikkäitä

vanha liha roikkuu

korrektius on yliarvostettua

kuuntele tanssitaitelijan konsertti

saat kirkkaimman kruunun

sori vaan ihmisoletetut

minua kiinnostaa sukupuoli

kiitos vaan yoko

teit johnista inisijän

en ota kantaa

syytetään hiljaisesta hyväksynnästä

eikö täällä ole jo tarpeeksi meteliä

usko ja toivo

perhe syntyy sodan varjossa

lähetys ilman mainoksia

kuin lämmin suihku genitaaleille

falskia vikinää

pateettista poplyriikkaa

näppärää tuotantoa

tuhansien teinien nostetta

suomen yliarvostetuin popbändi

vai mitä nipa

elämään eksynyt

päähän potkittu

sukella valoon

pakahdu iloon

ylläty

älä huoli

näen enkeleitä ympärilläsi

rakkaat turkisalan edustajat

tervetuloa

buffet-pöydässä maistuvaa koiraa

tukekaamme korealaista elinkeinonharjoittajaa

meitä on paljon

yhdessä meissä on voimaa

kaivaa entistä syvempää kuoppaa

toisillemme

luukuta arttua

saat kirkkaimman kruunun

puuduttavaa kolmen soinnun kierrätystä

nuorten miesten papparokkia

pelastavia lainakitaristeja

suomen yliarvostetuin rockbändi

vai mitä remu

kun katsoo maailmaa änkyrän silmin

niin nähdä voi sen kauheuden

niin kyyninen kun katse on

voi nähdä voitossa tappion

korrektius korrektius korrektius

korrektius korrektius korrektius

korrektius korrektius korrektius

korrektius v i t u t u s korrektius

korrektius korrektius korrektius

aamu ilman kolotuksia

kuin lämmin suihku genitaaleille

elämän tarkoitus

rakastaa elämää

vilkuilen helge-herraa kylvyssä ihanaa

välillä äkkään kuinka pylly hiukan pilkahtaa

jos sitten saippuaan hän luiskahtaa

niin saattaa parrukin vallan heilahtaa

vilkuilen helge-herraa kylvyssä ihanaa

välillä äkkään kuinka pylly hiukan pilkahtaa

vasta itseään pitää hinttinä

kun helge-herran parrun kokee kylvyssä

pentti l. parka

aitiopaikalta poistettu

kesken koronadraaman

luovu tyynesti

saat kirkkaimman kruunun

menen metsään

haistelen sieniä

uskonko hyvään

ehkä

vihaan

toksista maskuliinisuutta

patriarkaalisuutta

kaupallisuutta

konservatiivisuutta

sovinnaisuutta

sukupuolirooleja

esineellistämistä

kevytmielisyyttä

armollisuutta

mitä rakastan

ei minuun mahdu rakkautta

vaikeneminen on aliarvostettua

odottamaton hyvyyden pilkahdus

kuin lämmin suihku genitaaleille

anna kauniiden haapojen olla

niitä maasta et repiä saa

anna luonnon elää kunnolla

koeta kaivurit hiljalleen unhoittaa

uskot lujasti

hellit hirviötä sisälläsi

kylvät ja niität

verta

solmio liian kireellä

päivästä toiseen

voi orpo parka

kutsumus parrasvaloihin

luo tuttavapiiri

kiittävää yleisöä riittää

no justiinsa juu se on jetsulleen

semmoinen jätkä josta nartun teen

no justiinsa juu ihan jetsulleen

jätkän pistän kontalleen

kääryleen käryttäjät

suruttomat savustajat

silmäni vettyvät

kurkkuni kuristuu

happoa otsaan

tavaraa töröhuuliin

pilleriä naamariin

halvalle halpaa

kateelliset kärvistelee

hienostelemme elämästä juhlaa

välttelemme pohjakosketusta

paistamme teflonilla

lue kokeellinen romaani

saat kirkkaimman kruunun

kerro mielipiteesi

kerro se äänekkäästi

olet oikeassa

muut väärässä

idiootit

otan sinut takaa päin

et näe silmistäni

että tämä on viimeinen kerta

viesti ystävältä

kuin lämmin suihku genitaaleille

hauraasti piipittävät naisartistit

menkää hoitoon

ei töitä

mainio päivä

tunti torikkaa

kutreillani tuikkii kirkkain kruunu